U0801224

上海市工程建设规范

道路可变信息标志技术标准

Technical standard for road variable message sign

DG/TJ 08—2396—2022
J 16198—2022

主编单位：上海市道路运输事业发展中心
上海市城乡建设和交通发展研究院
批准部门：上海市住房和城乡建设管理委员会
施行日期：2022 年 6 月 1 日

同济大学出版社

2022　上海

图书在版编目(CIP)数据

道路可变信息标志技术标准/上海市道路运输事业发展中心，上海市城乡建设和交通发展研究院主编. —上海：同济大学出版社，2022.9

ISBN 978-7-5765-0362-3

Ⅰ. ①道… Ⅱ. ①上… ②上… Ⅲ. ①城市道路-交通标志-技术标准-上海 Ⅳ. ①U491. 5-65

中国版本图书馆 CIP 数据核字(2022)第 157859 号

道路可变信息标志技术标准

上海市道路运输事业发展中心
上海市城乡建设和交通发展研究院 **主编**

责任编辑 朱 勇
责任校对 徐春莲
封面设计 陈益平

出版发行 同济大学出版社 www.tongjipress.com.cn
(地址：上海市四平路 1239 号 邮编：200092 电话：021－65985622)
经 销 全国各地新华书店
印 刷 浦江求真印务有限公司
开 本 889mm×1194mm 1/32
印 张 2.375
字 数 64 000
版 次 2022 年 9 月第 1 版
印 次 2022 年 9 月第 1 次印刷
书 号 ISBN 978-7-5765-0362-3
定 价 35.00 元

上海市住房和城乡建设管理委员会文件

沪建标定〔2022〕69 号

上海市住房和城乡建设管理委员会
关于批准《道路可变信息标志技术标准》为
上海市工程建设规范的通知

各有关单位：

由上海市道路运输事业发展中心和上海市城乡建设和交通发展研究院主编的《道路可变信息标志技术标准》，经我委审核，现批准为上海市工程建设规范，统一编号为 DG/TJ 08—2396—2022，自 2022 年 6 月 1 日起实施。

本标准由上海市住房和城乡建设管理委员会负责管理，上海市道路运输事业发展中心负责解释。

特此通知。

上海市住房和城乡建设管理委员会

二〇二二年一月二十六日

前　言

根据上海市住房和城乡建设管理委员会《关于印发〈2018 年上海市工程建设规范、建筑标准设计编制计划〉的通知》(沪建标定〔2017〕898 号)的要求,由上海市道路运输事业发展中心、上海市城乡建设和交通发展研究院会同同济大学建筑设计研究院(集团)有限公司共同组成编制组,承担《道路可变信息标志技术标准》的编制工作。标准编制组在认真总结本市道路可变信息标志的建设及运行维护现状问题,分析原因并结合国家、行业、本市有关技术标准和规范,广泛征询可变信息标志设计单位、生产单位、管理单位的意见的基础上,制定本标准。

本标准的主要内容有:总则;术语;基本规定;式样和版面;材料和性能;设置和安装;组织和发布;维护和保障。

各单位及相关人员在本标准实施过程中,如有意见或建议,请反馈至上海市交通委员会(地址:上海市世博村路 300 号 1 号楼;邮编:200125;E-mail:shjtbiaozhun@126.com),上海市城乡建设和交通发展研究院(地址:上海市宛平南路 75 号;邮编:200032;E-mail:jtcx@shucm.cn),上海市建筑建材业市场管理总站(地址:上海市小木桥路 683 号;邮编:200032;E-mail:shgcbz@163.com),以供修订时参考。

主 编 单 位:上海市道路运输事业发展中心
　　　　　　上海市城乡建设和交通发展研究院

参 编 单 位:同济大学建筑设计研究院(集团)有限公司

主要起草人:杨晓萍　张　祎　杨　涛　焦敏朵　史　俊
　　　　　　顾　博　殳军涛　黄　斐　许天来　李家奎

主 要 审 查 人:朱惠君　陆惠丰　罗明廉　黄承明　王全荣
张孝盘　黄慰忠

上海市建筑建材业市场管理总站

目　次

Contents

1 总 则

1.0.1 为规范本市道路可变信息标志建设，加强可变信息标志日常运行管理，提高可变信息标志的服务水平，制定本标准。

1.0.2 本标准适用于本市道路交通诱导类可变信息标志的规划、建设、运行、维护和管理。

1.0.3 本市道路可变信息标志建设应遵循“统一规划、规范引领、前置审核、权责明确、共享协同”原则。

1.0.4 本市道路可变信息标志的规划、建设、运行、维护和管理，除应符合本标准规定外，尚应符合国家、行业及本市现行有关标准的规定。

2 术 语

2.0.1 道路可变信息标志 road variable message sign

设置在路侧或道路上方，通过可变化的图形、文字、符号或颜色等方式表达交通状况信息的标志。

2.0.2 道路交通信息 road traffic information

反映道路交通运行状况的信息，通常包括交通运行信息、交通事件信息、道路施工信息、交通管制信息、气象环境信息、辅助信息等。

2.0.3 道路交通状态 road traffic condition

反映道路交通需求量与通行能力的匹配性，通常表示（简洁）道路车流量拥堵程度，用畅通、拥挤、堵塞等定性分类表述。

2.0.4 交通事件 traffic incident

由于人、车辆、设施、环境之间的不协调导致正常交通秩序紊乱的突发性事件。

2.0.5 全屏式可变信息标志 full screen mode road variable message sign

又称全点阵可变信息标志，其显示屏幕全部由电子显示模块组成，可用来发布文字、简易图形等信息的可变信息标志。

2.0.6 嵌入式可变信息标志 embedded mode road variable message sign

又称光带型可变信息标志，由静态背景板和电子显示模块共同组成，静态背景板与嵌入的电子显示模块相结合显示信息的可变信息标志。

2.0.7 广域型可变信息标志 wide area road variable message sign

服务于中长距离出行的大型可变信息标志。发布内容主要是相同目的地的多条路径交通状态信息、行程时间信息和交通事件等信息。

2.0.8 区域型可变信息标志 local area road variable message sign

服务于中短距离出行的中小型可变信息标志。发布内容主要是前方一个或几个主要路段交通状态信息、行程时间信息和交通事件等信息。

2.0.9 电子显示模块 electronic display module

由若干个像素构成的一个结构上独立的最小单元,通常为矩形,以便于整个可变标志的结构化安装。

2.0.10 模组 display team

结构上独立由若干像素构成的最小单元。

2.0.11 像素 pixel

由单只或多只发光二极管组成的可控制其发光或熄灭状态的基本显示单元。

2.0.12 像素点间距 pot pitch

相邻像素间的中心距。

2.0.13 视认角 viewing angle

观察者(正常人,矫正视力 1.0 以上)在环境照度大于 50 000 lx 的晴天、太阳光正面照射标志面的条件下,偏离标志面法线方向后,仍能正确认读标志内容的最大偏离角度。

2.0.14 静态视认距离 static distinguishing distance

观察者(正常人,矫正视力 1.0 以上)在环境照度大于 50 000 lx 的晴天、太阳光正面照射标志面的条件下,在规定的视认角内,能够正确认读标志内容的最大距离。

2.0.15 动态视认距离 dynamic distinguishing distance

观察者(正常人,矫正视力 1.0 以上)在环境照度大于 50 000 lx 的晴天、太阳光正面照射标志面的条件下,按照道路最高限速行驶时,在规定的视认角内,能够正确认读标志内容的最大距离。

2.0.16 控制中心 control center

承担可变信息标志信息接收、处理、发布及设备运行状态监测等职能的工作部门。

3 基本规定

3.1 基本要求

3.1.1 道路可变信息标志可通过向道路使用者发布动态出行信息，帮助道路使用者优化出行路线，减少拥堵和事故，改善路网交通运行状态。

3.1.2 道路可变信息标志版面传递的信息应清晰、明确、简洁。

3.1.3 道路可变信息标志发布内容应准确，信息更新应及时。

3.1.4 道路可变信息标志及其系统应通过主动维护、预防性维护，保障设备及系统的正常运行。

3.2 样式分类

3.2.1 道路可变信息标志按照电子显示模块布局分类，可分为全屏式可变信息标志和嵌入式可变信息标志两类。

3.2.2 道路可变信息标志按照表达路网范围大小分类，可分为广域型可变信息标志和区域型可变信息标志两类。

3.2.3 嵌入式道路可变信息标志按照显示内容分类，可分为图形型可变信息标志和图形加文字型可变信息标志两类。

3.3 发布内容

3.3.1 道路可变信息标志发布内容可分为交通运行信息、交通事件信息、道路施工信息、交通管制信息、气象环境信息及管理辅助信息等。

3.3.2 交通运行信息宜包括道路交通状态、行程时间等。

3.3.3 交通事件信息宜包括车辆故障、车辆事故、道路设施异常、交通违法等。

3.3.4 道路施工信息宜包括道路施工阻断、车道占用、绕行方案等。

3.3.5 交通管制信息宜包括道路(车道)封闭、限速提示、出入口(匝道、桥隧、收费站或收费站某类车道)关闭、车流量控制、禁止某类车辆通行等。

3.3.6 气象环境信息宜包括气象与灾害性预警信息、能见度、路面状况、风力、雨量、积雪、温度等。

3.3.7 管理辅助信息宜包括服务公告信息、重大公共事件宣传信息、安全提示信息等。

3.4 发布形式

3.4.1 道路可变信息标志信息发布形式分为三类:文字信息、图形信息和图像信息。

3.4.2 道路可变信息标志发布的文字信息应符合现行国家标准《信息技术中文编码字符集》GB 18030 的相关规定。

3.4.3 道路可变信息标志发布的图形信息应采用主流多媒体图形格式,如 BMP、JPG、PNG、GIF 等。

3.5 式样和版面

3.5.1 道路可变信息标志的版面尺寸应根据服务范围和显示内容定制,地面道路、快速路可变信息标志的尺寸不宜超过 35 m^2,高速公路可变信息标志的尺寸不宜超过 50 m^2。

3.5.2 道路可变信息标志的版面应根据所表达的实际路网适当变形后等比例绘制,并兼顾版面的大小和整体美观性。

3.6 材料和性能

3.6.1 道路可变信息标志材料应符合绿色、节能要求，利于环境保护。

3.6.2 道路可变信息标志前部及其机箱防护等级应达到 IP65。

3.6.3 正常工作条件下，像素的年失控率应不大于 1‰；整体产品的平均无故障时间（MTBF）不少于 10 000 h。

3.7 设置和安装

3.7.1 道路可变信息标志应设置在道路关键分流点的上游；布设位置选取时，应综合考虑道路行车安全、有无其他设施遮挡及是否具备施工条件等因素。

3.7.2 道路可变信息标志基础及支撑杆件的结构应按承载能力极限状态和正常使用极限状态进行设计，并应同时满足结构安全和工艺方面要求。

3.7.3 道路可变信息标志下缘至路面的最小净空高度应大于5.5 m。

3.8 组织和发布

3.8.1 道路可变信息标志系统由控制中心计算机系统和道路可变信息标志组成，控制中心计算机系统应包括可变信息标志发布信息的处理、发布、运维等功能。

3.8.2 控制中心计算机系统发布的交通运行信息应从本市交通主管部门获取。

3.8.3 道路可变信息标志信息发布应保证准确性和时效性。准确性应不低于 85%，时效性应不超过一个发布周期。

3.9 维护和保障

3.9.1 道路可变信息标志发布运行管理机构应设置专业运行维护保障力量对系统进行监测和维护，保证发布设施及系统运行正常、发布信息及时准确。

3.9.2 控制中心计算机系统应具有安全防护功能，防护等级不低于现行国家标准《信息安全技术网络安全等级保护基本要求》GB/T 22239中第二级安全保护能力的相关要求。

4 式样和版面

4.1 一般规定

4.1.1 道路可变信息标志的式样应根据服务范围和显示内容等需求综合选取。

4.1.2 道路可变信息标志的版面内容应简单、直观、易懂。

4.1.3 道路可变信息标志版面中相同道路、行驶方向、道路编号的名称应一致。

4.2 图形版面内容

4.2.1 道路可变信息标志的版面构成应符合下列规定：

1 可显示图形的可变信息标志，其版面要素包括道路（含匝道、立交）、水系、桥隧、收费站、交通枢纽（机场、火车站）、标志性建筑等标识及名称等内容。

2 可显示图形的可变信息标志除上述要素外，还宜通过模组或标识显示上述设施的交通管制等符号。

3 全屏式可变信息标志应通过模组显示交通事件、道路施工等符号。

4.2.2 道路可变信息标志的版面字符应符合下列规定：

1 可变信息标志使用的字体宜按照现行国家标准《道路交通标志和标线》GB 5768 和《城市道路交通标志和标线设置规范》GB/T 51038 的规定。

2 在不同类型道路上设置的各类嵌入式可变信息标志，其字高与间隔距离应符合表 4.2.2 的规定。外边框和衬底边的尺寸、其他文字与汉字高度的关系宜按照现行国家标准《道路交通标志和标线》GB 5768 中“指路标志”相关要求。

表 4.2.2 嵌入式可变信息标志版面字高与间隔距离要求

道路类型	快速路		高速公路	城市地面道路和公路
标志类型	广域型	区域型	广域型	广域型
指路汉字高度(cm)	40	35	50	35
汉字间隔(cm)	4	3.5	5	3.5
汉字距离标志边缘(cm)	16	14	20	14
汉字距离图形(cm)	12	10.5	15	10.5
道路名称汉字高度(cm)	25	25	25	20
道路名称汉字间隔(cm)	2.5	2.5	2.5	2
道路名称汉字距离图形间隔(cm)	5	5	5	4

3 全屏式可变信息标志应根据采用的 LED 管像素点间距，参照嵌入式可变信息标志的要求，采用最接近尺寸的点阵文字字号和文字图形间距要求绘制图形。

4 可变信息标志在显示表示运行状况信息的文字时，应按照如下规则选择文字颜色：红色为禁令信息，黄色为警告信息，绿色为提示信息。

4.2.3 道路可变信息标志的版面标识应符合下列规定：

1 可变信息标志需要使用的道路标识可按照现行国家标准《道路交通标志和标线》GB 5768 执行。

2 可变信息标志版面的路径方向应以车辆行驶的方向为前方，采用“半箭头”固定图形标记来指示当前车辆的行驶方向，标记距图形边缘 $0.2h$（h 为版面道路指向汉字高度）。

3 可变信息标志版面所在道路起点右侧应设有车辆当前位

置和行驶方向的固定标记，以“整箭头”图形标记来表示，标记距图形边缘 0.4h(h 为版面道路指向汉字高度)。若道路起点非处于可变信息标志下方时，“整箭头”图形标记应动态闪烁。

4 可变信息标志版面中文字排列方向规则为：当前行驶道路与该道路平行时文字排列为纵向，当前行驶道路与该道路相交时文字排列为横向，具体排列方向应兼顾版面位置与整体协调等因素。

4.2.4 道路可变信息标志的版面中采用的图形和符号应符合下列规定：

1 在城市快速路上设置的嵌入式可变信息标志，其主线光带边缘衬以 10 mm 的白边，宽度为 132 mm；出口光带宽度为 110 mm，长度可视版面整体情况确定但基本显示单元长度不小于 88 mm，并应与主线光带保持 45°的夹角。非规则光带的基本显示单元需要按照光带形状定制，每排 LED 管与图形中心线的切线垂直。光带的基本显示单元对应光带宽度采用两种规格：6(列)×4(排)和 5(列)×4(排)，像素点间距为 22 mm，长度为 88 mm。

2 在高速公路上设置的嵌入式可变信息标志，其光带边缘衬以 10 mm 的白边，宽度为 154 mm，长度可视版面整体情况确定但基本显示单元长度不小于 110 mm。非规则光带的基本显示单元需要按照光带形状定制，每排 LED 管与图形中心线的切线垂直。光带的基本显示单元对应光带宽度规格为：7(列)×5(排)，像素点间距为 22 mm，长度为 110 mm。

3 在城市地面道路及公路上设置的嵌入式可变信息标志，其光带边缘衬以 10 mm 的白边，宽度为 110 mm，长度可视版面整体情况确定但基本显示单元长度不小于 88 mm。非规则光带的基本显示单元需要按照光带形状定制，每排 LED 管与图形中心线的切线垂直。光带的基本显示单元对应光带宽度规格为：5(列)×4(排)，像素点间距为 22 mm，长度为 88 mm。

4 全屏式可变信息标志应根据所设置道路类型和采用的

LED管像素点间距，参照嵌入式可变信息标志的道路宽度进行图形绘制，不设置白边。

5 全屏式可变信息标志版面符号可按照本标准附录C执行。

4.3 版面颜色

4.3.1 嵌入式可变信息标志版面颜色，当表达路网全部为快速路和高速公路路网的，应采用绿底白字白边表示；当表达路网全部为城市地面道路路网或普通公路路网的，应采用蓝底白字白边表示。若为混合型路网，则根据各类路网在版面内容中的比重，取比重大的颜色；若比重相当，取路网等级高的颜色。

4.3.2 全屏式可变信息标志版面底色应采用黑色。

5 材料和性能

5.1 一般规定

5.1.1 道路可变信息标志应由显示屏、机箱、安装连接件等组成。

5.1.2 道路可变信息标志机箱内应附有箱内设备的连线图。

5.1.3 道路可变信息标志机箱外壳或支撑件应安装设施铭牌，清晰注明可变信息标志设备编号、所属单位、维护单位及联系电话。

5.2 外观质量

5.2.1 道路可变信息标志应外形美观、装配牢固、结构稳定，边角过渡圆滑，无飞边、无毛刺、无划伤。机壳无明显变形、凹凸等缺陷。

5.2.2 道路可变信息标志显示模块内及各显示模块之间，像素应排列均匀、平整，像素点间距与标称点间距的相对误差应小于5%，不平整度不大于2 mm/m^2。

5.2.3 嵌入式可变信息标志的图形应按照设计版面要求制作，应位置准确，牢固端正，部件齐全，版面材料采用3 mm厚铝合金型材。

5.2.4 道路可变信息标志机箱及连接件的防护层色泽应均匀，机箱外壳颜色应与道路景观相协调，合杆整治范围内道路，杆件及机箱外壳颜色应与综合杆一致，合杆整治范围外道路，机箱外壳颜色应采用国家标准油漆色卡的510号蓝灰色。

5.2.5 机箱分为内外两层，面板和电子显示模块安装在机箱外层上，电路板和其他部件安装在机箱内。箱内接线整齐、回路编号清楚，走线整齐，并预留放置通信传输设备等其他配套设施及后续维护所需的空间。

5.3 功能要求

5.3.1 道路可变信息标志应具有管理功能，可进行远程控制信息标志全亮、全灭和定时开关；应能通过本地和远程的控制软件对可变信息标志的发布内容进行编辑和修改；可变信息标志在全灭状态下应能接收远程控制命令。

5.3.2 道路可变信息标志应具备自检功能，能对设备主要单元如模组、版面像素、通信、供电及机箱等的运行情况进行监测和故障检测。

5.3.3 道路可变信息标志应具备本地发布信息存储功能，可存储信息不少于 20 条。

5.3.4 道路可变信息标志应具有手动和自动调光功能，并根据环境照度分 1 至 16 级可调。

5.3.5 嵌入式可变信息标志应安装外部照明设施或具备主动发光能力。照明设施或主动发光部件应具备根据周边环境自动开关及远程控制开关功能。照明设施的要求可按照现行国家标准《道路交通标志和标线》GB 5768 执行。主动发光标志的要求可按照现行国家标准《LED 主动发光道路交通标志》GB/T 31446 执行。

5.3.6 道路可变信息标志应具备校时功能，由控制中心提供基准时钟服务，定期开展时钟校时。

5.4 视认性能

5.4.1 道路可变信息标志的视认角应不小于 30°。

5.4.2 道路可变信息标志的静态视认距离应不小于 250 m，动态视认距离应不小于 210 m。

5.4.3 为确保视认效果，必要时可增加补光设施。

5.5 LED管构成

5.5.1 需显示图形的可变信息标志电子显示模块中每个像素由红、绿、蓝、黄四基色发光二极管组成,像素管配比为2红1绿1蓝2黄,室外环境白平衡显示时单位面积发光强度大于10 000 cd/m^2。仅显示文字的可变信息标志电子显示模块中每个像素由红、绿、蓝三基色发光二极管组成,像素管配比为1红1绿1蓝。发光二极管每10 000 h亮度的衰减值与屏体的初始亮度之比应不大于3%。

5.5.2 红色、黄色LED管应采用铝、铟、镓、磷四元素管芯。

5.5.3 绿色、蓝色LED管应采用超高亮度氮化镓管芯。

5.5.4 电子显示模块中每个像素由发光二极管组成,单粒发光二极管在额定电流时的发光强度应:红色不小于3 500 mcd,绿色不小于7 000 mcd,蓝色不小于2 000 mcd,黄色不小于8 000 mcd。

6 设置和安装

6.1 一般规定

6.1.1 道路可变信息标志在驾驶者的视认范围之内，不应被上跨结构、照明设施、监控设施、广告构筑物及树木等遮挡、妨碍行人及车辆通行。

6.1.2 道路可变信息标志不应安装在高填方区、挖方区或地下存在大型构筑物区域。

6.1.3 道路可变信息标志的结构件应方便拆卸与更换，连接件的材料应能传递板面不小于 115 kg/m^2 的风载。

6.1.4 道路可变信息标志对交通标志有遮挡且无法移位时，应考虑与交通标志合设门架。

6.2 设置位置

6.2.1 城市快速路的可变信息标志设置位置应符合下列规定：

1 城市快速路的可变信息标志设置位置与相邻标志间布设间距不宜小于 100 m。

2 用于广域信息服务的可变信息标志应设置在主快速路互通立交分流点上游 800 m～1200 m。

3 用于区域信息服务的可变信息标志应设置在快速路出口上游 500 m～800 m。

4 当上述可变信息标志布设位置所在路段单向车道数大于 3 车道(含 3 车道)时，设置距离应取上限。

5 快速路入口的区域型可变信息标志应设置在入口匝道起

始处，与静态标志并列设置。

6 地面道路上用于快速路交通诱导的可变信息标志，应设置在地面主次干道上、进入快速路入口上游 500 m～800 m。

7 当满足上述功能要求的可变信息标志为纯文字型时，可按照上述最低布设要求。

6.2.2 高速公路的可变信息标志设置位置应符合下列规定：

1 高速公路的可变信息标志设置位置与相邻标志间布设间距不宜小于 150 m。

2 高速公路入城段进城方向应参照城市快速路标准设置。

3 与快速路一起形成区域诱导条件的高速公路，应在互通立交上游 800 m～1 200 m 设置发布图形的广域可变信息标志。

4 三级及以下服务水平的高速公路，应在省界高速公路入口侧，及高速公路相接的互通立交上游 500 m～800 m 设置可变信息标志。

5 四级及以上服务水平的高速公路，应满足三级设置的要求。

6 四级及以上服务水平的高速公路，应在连接替代地面道路路径的收费站上游 500 m～800 m 设置可变信息标志。

7 四级及以上服务水平的高速公路应在事故易发区段上游 500 m～800 m 设置可变信息标志。

6.2.3 地面道路的可变信息标志设置位置应符合下列规定：

1 地面道路的可变信息标志设置位置与相邻标志间布设间距不宜小于 30 m。

2 广域型可变信息标志应设置在替代路径上游 1～2 个交叉口或上游 300 m～500 m。

3 区域型可变信息标志应设置在分流交叉口上游 1 个交叉口或距该分流交叉口上游 150 m～300 m。

7 组织和发布

7.1 一般规定

7.1.1 道路可变信息标志应支持本地控制和控制中心远程管理。

7.1.2 道路可变信息标志信息显示的优先级别应按照强制信息、建议信息、公告信息的顺序由先到后排列。

7.1.3 强制信息包括交通安全有关的信息、交通管制信息、气象环境信息等。当同时有1条以上强制信息需要发布时，应按照下列顺序进行发布管理：

1 交通安全有关的信息。

2 交通管制信息。

3 气象环境信息。

7.2 信息组织

7.2.1 控制中心计算机系统发布的实时道路交通状态信息和行程时间信息应按照交通信息组织规则自动处理生成发布信息内容。

7.2.2 交通事件信息，包括应急管理要求或突发事件处置管理信息，应结合发布预案、应急信息指令或监控系统直接收到的应急信息发布要求，人工编辑生成或自动生成突发事件发布信息内容。

7.2.3 道路养护、施工信息、气象环境等信息应编辑生成发布预案，按照规则和规定时间人工编辑生成或自动生成发布信息内容。

7.3 信息发布

7.3.1 道路可变信息标志信息发布要求应符合下列规定：

1 可变信息标志同时显示的信息应不超过 3 条，每屏显示的表示运行状况信息的文字数量应不超过 16 个文字。

2 组织文字信息发布时，一般应采用静态显示模式，显示时长应不小于 3 s。

3 当要显示的文字信息超过其所能容纳的字数时，应将该条信息按语意、字段合理分割成两部分，采用交替显示的方式发布，其交替时间间隔为 2 s～5 s。

4 全点阵可变信息标志在显示图形时，每屏图形显示时长应小于 15 s，版面信息量较大时，应适当延长。

5 可变信息标志通过图形显示交通状态时，红色表示堵塞，黄色表示拥挤，绿色表示畅通，玫红色表示道路封闭。这些颜色的色品坐标应在表 7.3.1 规定的色品区域内，颜色范围见图 7.3.1。

表 7.3.1 可变信息标志中各种 LED 颜色在 CIE1931 色度图上的色品区域坐标

光色	交叉点	色品坐标	
		X	Y
绿色	A	0.305	0.689
	B	0.321	0.493
	C	0.228	0.351
	D	0.028	0.385
黄色	K	0.547	0.452
	L	0.536	0.444
	M	0.593	0.387
	N	0.613	0.387

续表 7.3.1

光色	交叉点	色品坐标	
		X	Y
红色	Q	0.665	0.335
	R	0.645	0.335
	S	0.721	0.259
	T	0.735	0.265
玫红色	Y	0.350	0.150
	Z	0.465	0.210
	A′	0.379	0.100
	B′	0.500	0.156
蓝色	U	0.109	0.087
	V	0.173	0.160
	W	0.208	0.125
	X	0.149	0.026
双基色（显示黄色）	K	0.547	0.452
	I	0.500	0.410
	J	0.550	0.372
	N	0.613	0387

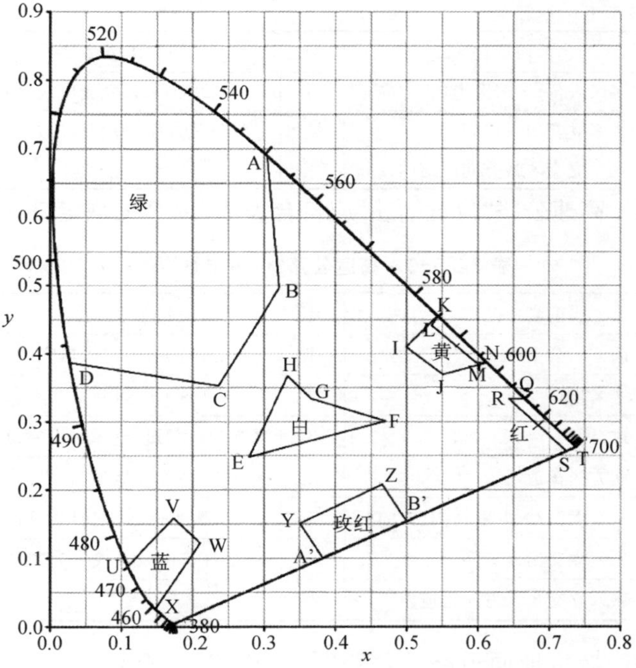

图 7.3.1　可变信息标志中 LED 发光颜色 CIE1931 色品区域图

7.3.2　道路可变信息标志在进行发布信息组织时，信息描述结构宜为："位置描述"+"事件及影响"+"出行建议"。

7.3.3　信息描述中的"位置描述"应按照如下方式进行组织：

1　快速路"位置描述"应符合表 7.3.3-1 的规定。

表 7.3.3-1　快速路"位置描述"要求

当前快速路		关联快速路	
1	××出入口间	1	××(高架)××出入口间
2	××出口	2	××(高架)××出口
3	过/近××出(入)口	3	××(高架)过/近××出(入)口
4	前方×车道	4	××大桥/××隧道内(方向)

续表 7.3.3-1

当前快速路		关联快速路	
5	××大桥/××隧道内(方向)	5	××(高架)××立交出入口间
6	××立交出入口间	6	××(高架)××立交××方向匝道内
7	××立交××方向匝道内		

2　高速公路"位置描述"应符合表 7.3.3-2 的规定。

表 7.3.3-2　高速公路"位置描述"要求

当前高速公路		关联高速公路	
1	前方×公里	1	××(高速)××出入口间
2	××出口	2	××(高速)××出口
3	过/近××出(入)口	3	××(高速)过/近××出(入)口
4	前方×车道	4	××大桥/××隧道内(方向)
5	××大桥/××隧道内(方向)	5	××(高速)××立交出入口间
6	××立交出入口间	6	××(高速)××立交××方向匝道内
7	××立交××方向匝道内		

3　城市地面道路及公路"位置描述"应符合表 7.3.3-3 的规定。

表 7.3.3-3　城市地面道路及公路"位置描述"要求

当前道路		关联道路	
1	××路口	1	××(道路)××路口
2	××路至××路间	2	××(道路)××路至××路间
3	过/近××路口	3	××(道路)过/近××路口
4	前方×车道	4	××桥/××隧道内(方向)
5	××桥/××隧道内(方向)		

7.3.4　信息描述中的"事件及影响"应按照"事故(××事件)+拥挤/堵塞/关闭"的方式进行组织，具体事件类型与发布名称关系应符合表 7.3.4 的规定。

表 7.3.4　事件类型与发布名称关系

事件总类	事件子类	发布名称
交通事故	车辆抛锚	抛锚
	车辆自燃	自燃
	人车事故	事故
交通事故	车车事故	事故
	车与设施事故	事故
道路异常	道路障碍物	障碍物
	附属设施损坏	设施损坏
	路面油污	油污
	货物散落	货物散落
	路面积水	积水
	路面积雪	积雪
	路面结冰	结冰
	路面受损	路面受损
恶劣天气	浓雾	浓雾
	大风	大风
有计划活动	大型活动	活动
	道路施工	施工
	道路养护	养护
	交通管制	封闭
其他	一般交通状态	拥挤/堵塞

7.3.5　信息描述中的“出行建议”应包括“建议绕行/注意避让/谨慎慢行/禁止驶入”等内容，具体发布名称与管理建议应符合表 7.3.5的规定。

表 7.3.5　具体发布名称与管理建议关系

发布名称	发布建议
事故	建议绕行/注意避让/谨慎慢行
抛锚	建议绕行/注意避让/谨慎慢行
自燃	建议绕行/注意避让/谨慎慢行/禁止驶入(针对隧道)
道路障碍	建议绕行/注意避让/谨慎慢行
设施损坏	建议绕行/注意避让/谨慎慢行
油污	建议绕行/注意避让/谨慎慢行
货物散落	建议绕行/注意避让/谨慎慢行
积水	建议绕行/谨慎慢行
路面损坏	建议绕行/注意避让/谨慎慢行
积雪	建议绕行/谨慎慢行
结冰	建议绕行/谨慎慢行
浓雾	谨慎慢行/禁止通行
大风	谨慎慢行/禁止通行
活动	建议绕行/注意避让/谨慎慢行
施工	建议绕行/注意避让/谨慎慢行
养护	建议绕行/注意避让/谨慎慢行
交通管制	建议绕行/注意标志/禁止驶入
一般交通状态	建议绕行/谨慎慢行

7.3.6　全点阵可变信息标志发布的交通状态信息图形样式应相对固定,不宜超过 3 款。

7.3.7　当控制中心计算机系统故障或通信故障时,可变信息标志应自动按异常状态模式运行,使用本地存储发布内容进行发布或采用黑屏模式。

7.4 信息加密

7.4.1 道路可变信息标志发布数据传输中应对传输数据加密，加密规则应符合国家密码局认定的国产密码算法。

7.5 信息记录

7.5.1 控制中心计算机系统应具备发布信息日志存储功能，日志存储时间应不少于 6 个月，存储基本内容格式应根据发布内容采用文字、图形或两者组合方式，存储频率应不长于一个信息发布周期，若无固定发布周期，则应在信息更新时同步进行存储。

7.5.2 控制中心计算机系统应具备发布信息同步功能，发布座席能够准确同步显示可变信息标志显示屏当前显示信息。

8 维护和保障

8.1 一般规定

8.1.1 道路可变信息标志及其附属设施和系统的维护应包括日常养护、小修、应急抢修以及技术文档资料管理等。

8.1.2 道路可变信息标志及其附属设施和系统的维护可按照现行上海市工程建设规范《市政道路机电系统维护技术规程》DG/TJ 08—2171 进行维护。

8.2 维护管理

8.2.1 发布运行管理机构应制定系统的运行管理制度，落实专项运行资金，配备专职信息发布管理人员。

8.2.2 发布运行管理机构应制定系统的维护管理制度，落实专项维护资金，配备或聘请专业人员进行维护工作。

8.2.3 发布运行管理机构应制定检查计划，对道路可变信息标志及其附属设施和系统进行周期性检查和特殊检查。

8.2.4 道路可变信息标志养护单位应定期对可变信息标志及其附属设施和系统进行例行保养，保养内容包括日常保洁和整理、数据清理、定期或按需更换设施设备的各种易耗品、易耗部件等。

8.2.5 道路可变信息标志养护单位应定期组织人员对可变信息标志及其附属设施和系统进行检测，对照规定要求判定设备、系统或附属设施的运行状态。

8.2.6 运行管理机构应对日常养护过程做好记录，对日常维护文档进行分析，定期形成维护工作报告。

8.3 系统保障

8.3.1 道路可变信息标志运行维护系统应具备对其电子显示模块、控制、供电、通信、机箱等设施设备自动检测和故障报警功能。设备故障从发生到系统报警时长应不长于 2 min。

8.3.2 道路可变信息标志运行维护单位应按照可变信息标志的规模、设备参数等，准备一定数量的电子显示模块、通信设备、照明设施等备品备件。

8.3.3 道路可变信息标志的故障修复要求应符合下列规定：

1 可变信息标志故障原因排查时长应不长于 24 h。

2 一般故障修复时长应不长于 48 h，需返厂维修或阻断交通进行维修的故障，修复时长应不长于 2 个月。

8.3.4 道路可变信息标志模组宜在达到设计的使用年限或生产厂商的产品寿命(或主要设备运行 6 年以上)时予以更换。

8.3.5 道路可变信息标志当发生如下变化而影响正常使用时应及时拆除：

1 可变信息标志长期(6 个月以上)故障且无法修复时。

2 可变信息标志周边环境变化，无法准确表达道路、交通基础设施时。

3 信息发布质量无法保障时。

8.4 其他保障

8.4.1 道路可变信息标志应满足下列安全保障要求：

1 可变信息标志应能提供用户身份标识唯一和鉴别信息功能，设备数据传输时应与中心计算机系统通过密码技术进行会话初始化验证，通过后方可传输数据。

2 数据传输过程中应采用校验码技术确保数据的完整性，

应能够检测到鉴别信息和业务数据在传输过程中完整性异常。

3 系统在新建或改扩建时应重新进行安全评测，设计并配备必要的安全设备、安全措施，建成后相关系统的网络安全等级应不低于原有等级。

8.4.2 道路可变信息标志应满足下列应急保障要求：

1 应制定系统运行应急预案。应急预案应包括系统运行环境和系统功能异常情况下的应对方案。

2 系统管理人员应根据应急预案定期组织演练，演练的次数应不少于每年 2 次。

附录A 道路可变信息标志设备编号要求

A.0.1 道路可变信息标志应在外壳显著位置安装设施铭牌，铭牌内为设备编号。

A.0.2 设备编号由15位数字字母组成，依次是2位区属代码、4位建设年份、6位路名首字母、3位顺序号，编制结构如图A.0.2所示。

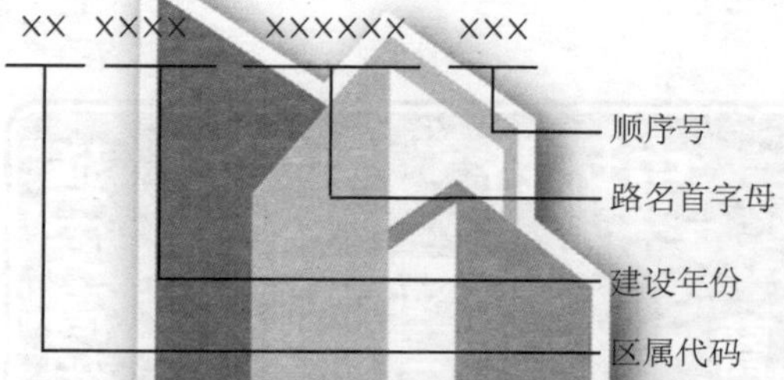

图A.0.2 设备编号

A.0.3 设备编号中的区属代码如下：市管－00；黄浦－01；徐汇－04；长宁－05；静安－06；普陀－07；虹口－09；杨浦－10；闵行－12；宝山－13；嘉定－14；浦东新区－15；金山－16；松江－17；青浦－18；奉贤－20；崇明－30；临港－40。

A.0.4 设备编号中的建设年份采用项目立项的年份，以4位阿拉伯数字表示。

A.0.5 设备编号中的路名首字母以道路路名的首字母作为代码，字长6位，不足部分后面以“×”填充。若发生道路路名首字母相同的情况，不足部分后面以字母自然序号填充。

A.0.6 设备编号中的顺序号为001开始的3位阿拉伯数字，编号规则按照从西到东、从北到南顺序排列，西侧、北侧为起始序号；环形道路以顺时针方向进行排列，最北端为起始序号。

附录 B 道路可变信息标志的式样

B.0.1 高速公路广域型嵌入式可变信息标志示例见图 B.0.1-1，高速公路文字型可变信息标志示例见图 B.0.1-2。

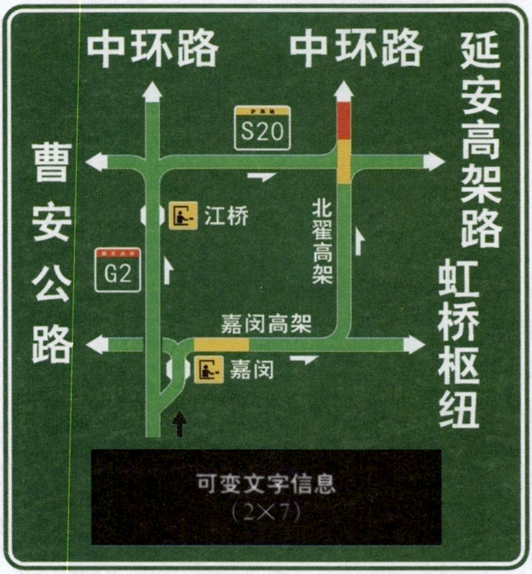

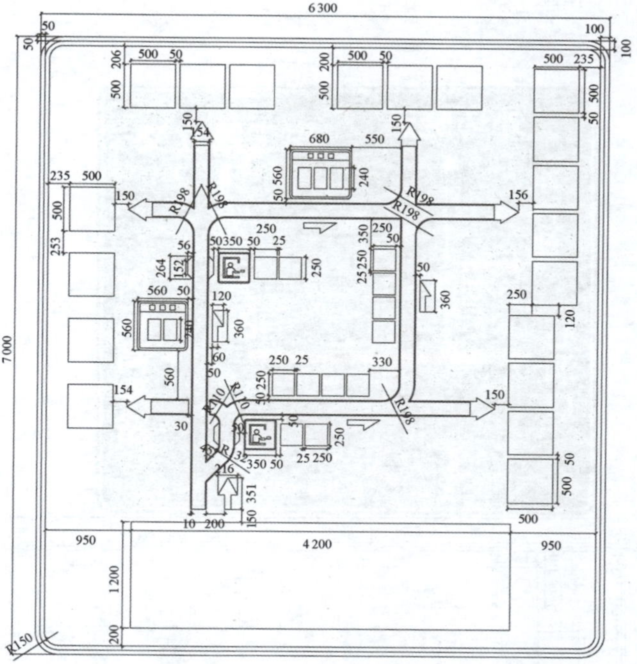

图 B.0.1-1　高速公路广域型嵌入式可变信息标志示例

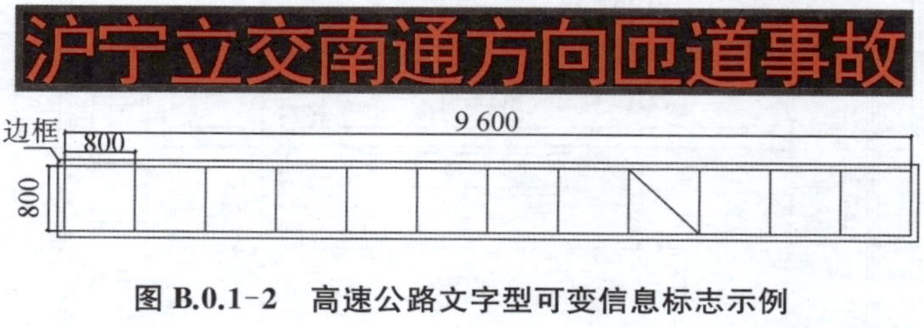

图 B.0.1-2　高速公路文字型可变信息标志示例

B.0.2　快速路广域型嵌入式可变信息标志示例见图 B.0.2-1 和图 B.0.2-2，快速路区域型嵌入式可变信息标志示例见图 B.0.2-3和图 B.0.2-4，快速路文字型可变信息标志示例见图 B.0.2-5和图 B.0.2-6。

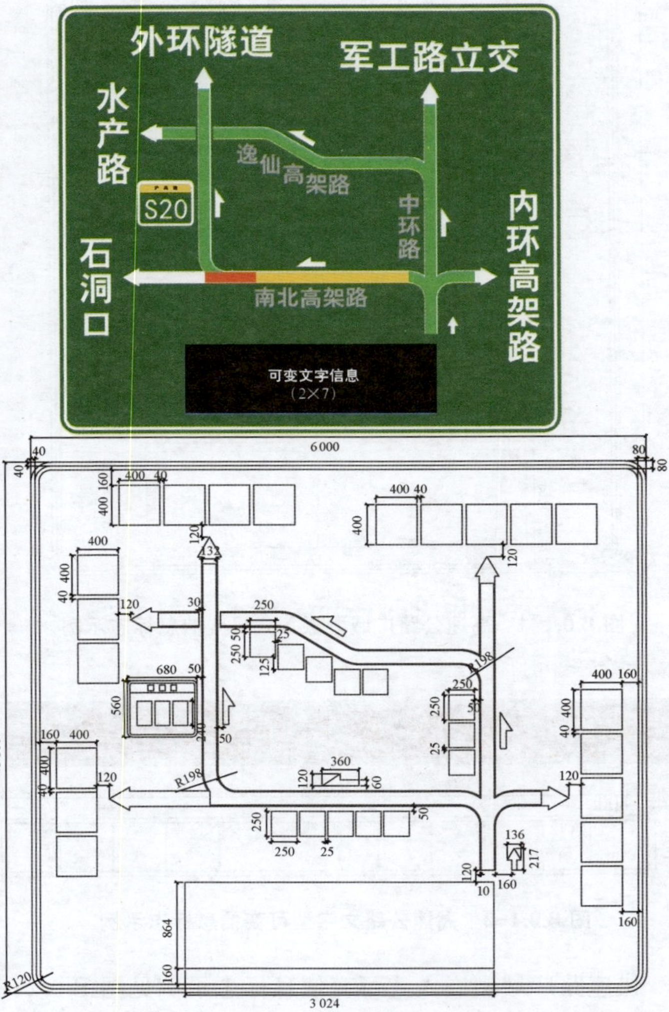

图 B.0.2-1　快速路广域型嵌入式可变信息标志示例 1

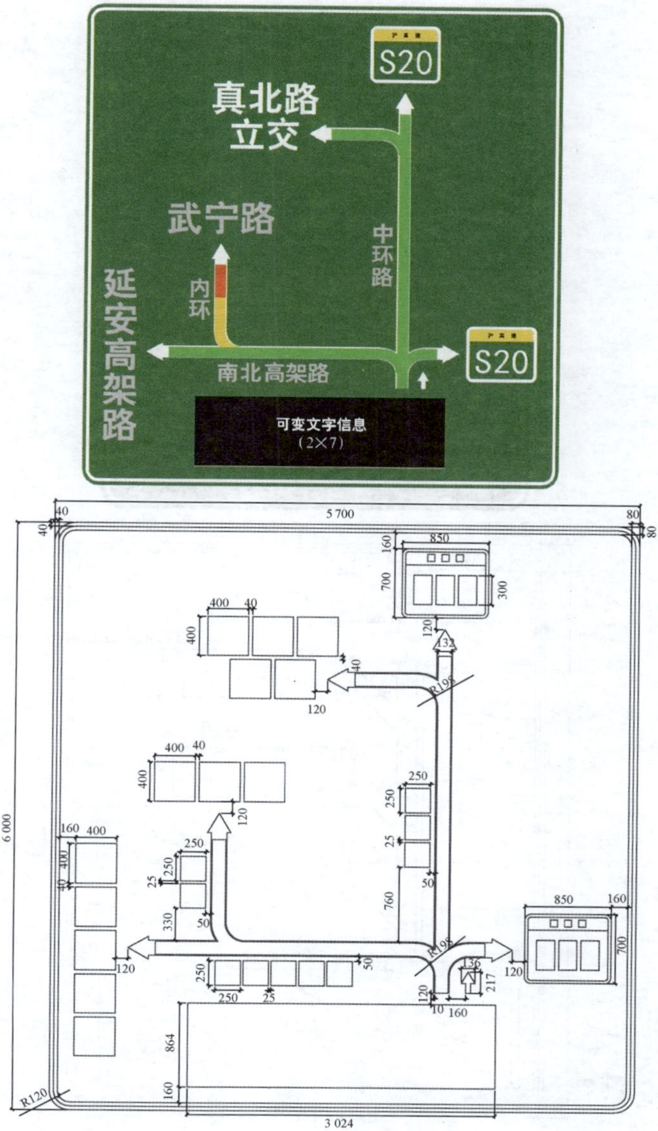

图 B.0.2-2　快速路广域型嵌入式可变信息标志示例 2

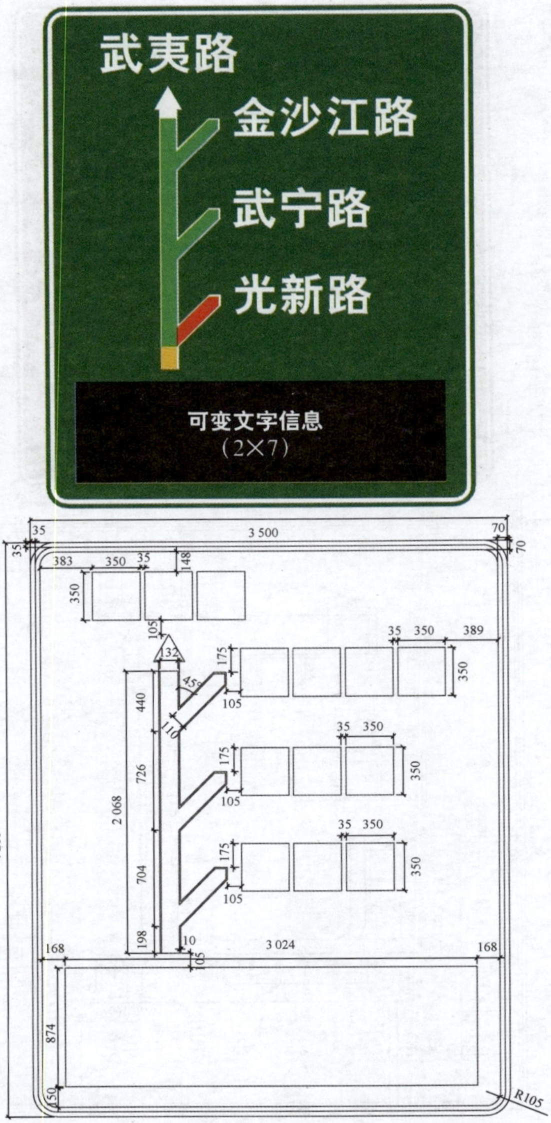

图 B.0.2-3　快速路区域型可变信息标志示例 1

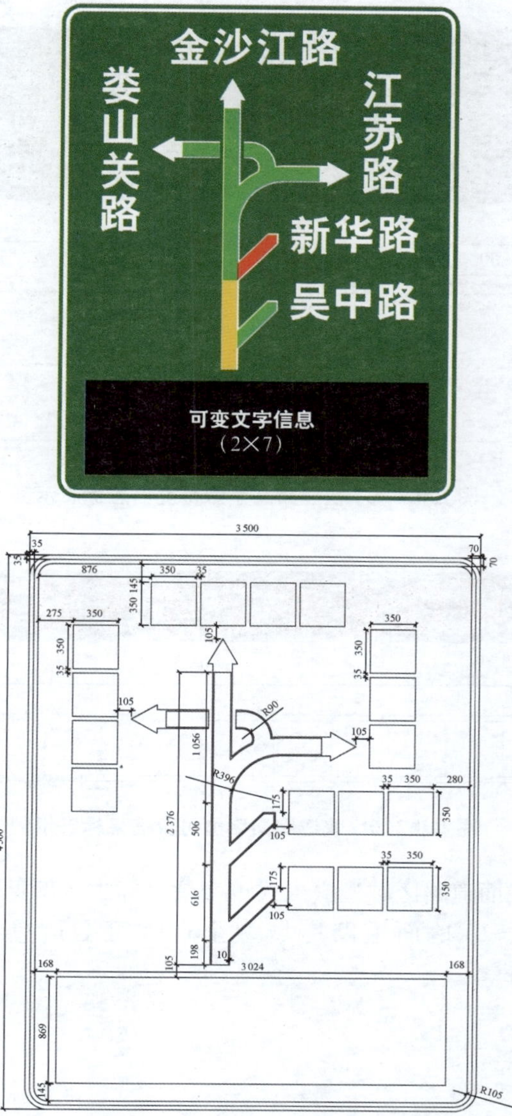

图 B.0.2-4　快速路区域型可变信息标志示例 2

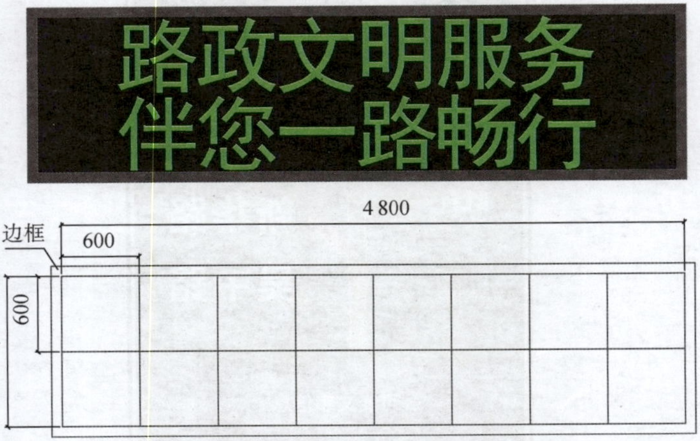

图 B.0.2-5　快速路文字型可变信息标志示例 1

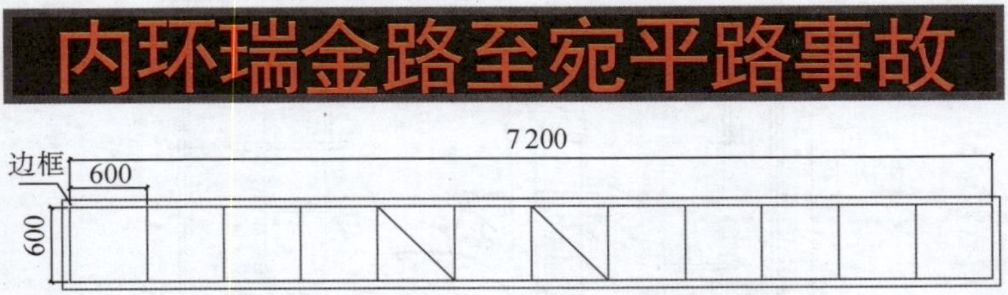

图 B.0.2-6　快速路文字型可变信息标志示例 2

B.0.3　地面道路区域型嵌入式可变信息标志示例见图 B.0.3-1和图 B.0.3-2，地面道路广域型全点阵可变信息标志示例见图B.0.3-3。

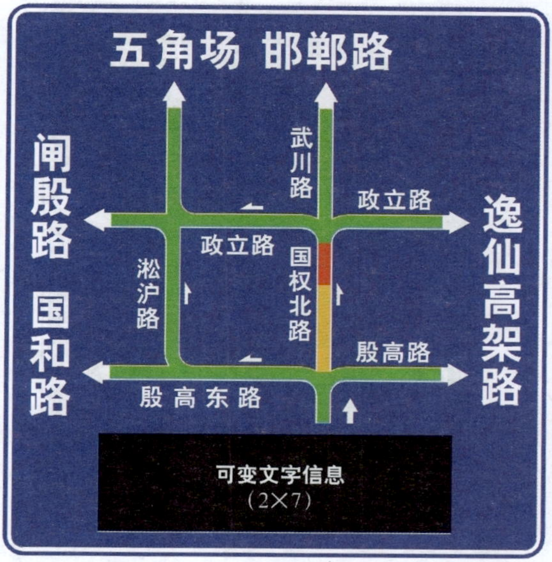

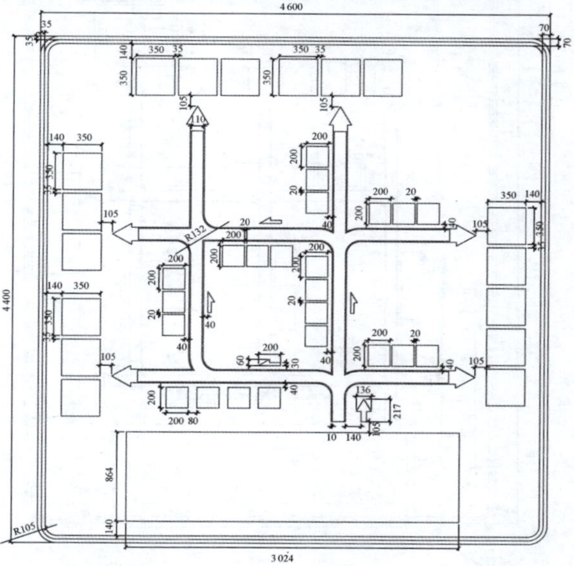

图 B.0.3-1 地面道路区域型嵌入式可变信息标志示例 1

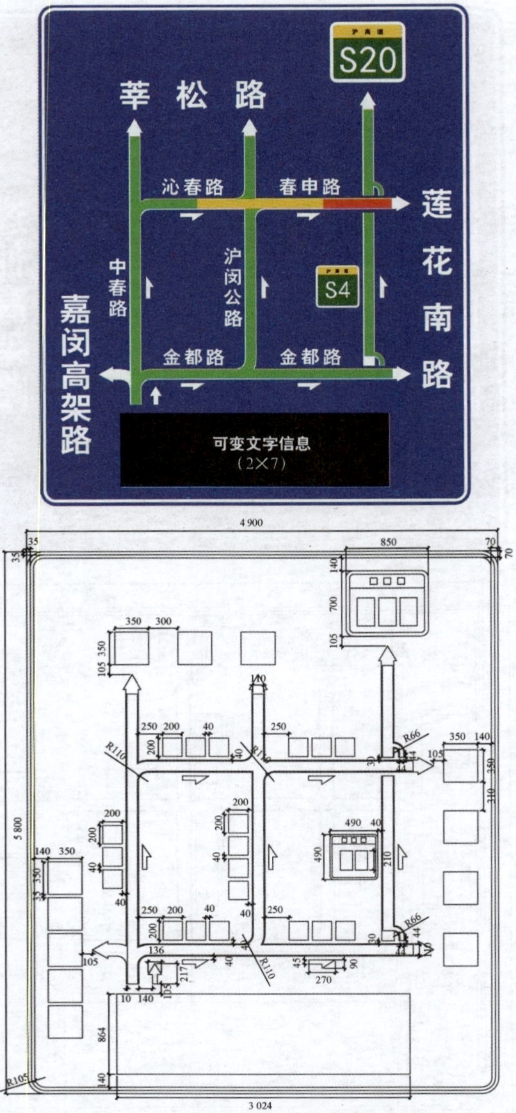

图 B.0.3-2 地面道路区域型(跨路网)嵌入式可变信息标志示例 2

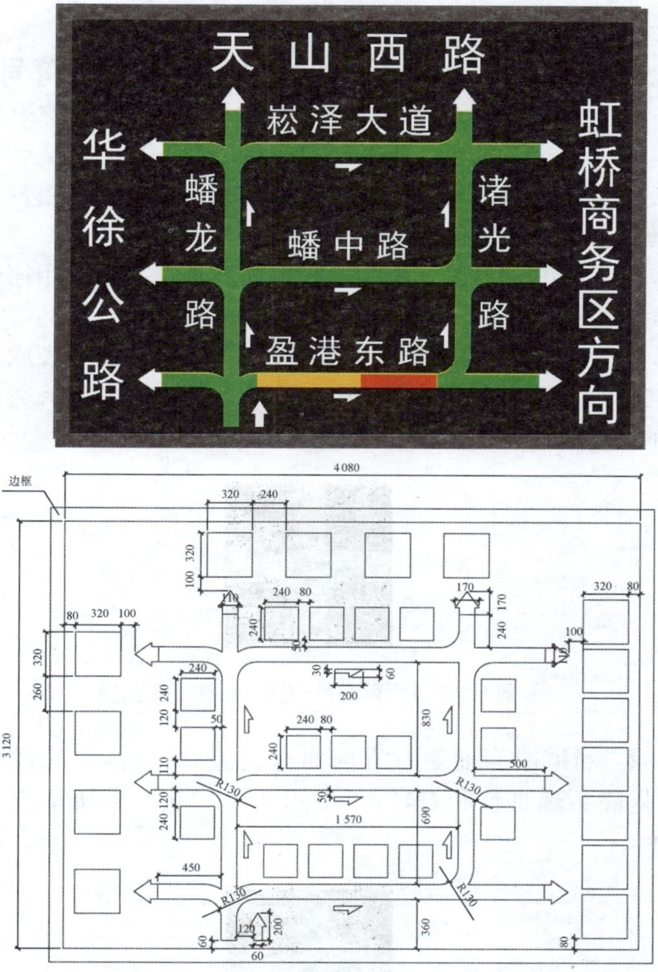

图 B.0.3-3　地面道路区域型全点阵可变信息标志示例(点间距 10 mm)

附录 C　道路可变信息标志的版面符号

C.0.1　全屏式可变信息标志在发布交通信息时，可通过简易图形和符号表达相关信息。

C.0.2　图形中道路交叉标识宜根据实际连通关系采用简化图形表示，如下所示：

1　当道路当前通行方向可通过交叉口(立体交叉或平面交叉)实现左转、直行及右转，可采用如图 C.0.2-1 所示交叉简图表示。

图 C.0.2-1　可直行、左转、右转交叉简图

2　当道路当前通行方向通过交叉口(立体交叉或平面交叉)只能实现直行和右转，可采用如图 C.0.2-2 所示交叉简图表示。

图 C.0.2-2　只可直行、右转交叉简图

3 当道路当前通行方向通过交叉(立体交叉或平面交叉)只能实现直行和左转,可采用如图 C.0.2-3 所示交叉简图表示。

图 C.0.2-3 只可直行、左转交叉简图

C.0.3 交通事件标识宜使用较为鲜明突出的图标来表示,其中交通事故标识宜采用的图形如图 C.0.3 所示。

图 C.0.3 交通事故标识图例

C.0.4 表达路段不可通行时,在路段合适位置设置通行控制标识,通行控制标识宜采用的图形如图 C.0.4 所示。

图 C.0.4 通行控制标识图例

C.0.5 表达道路施工信息时,道路施工标识宜采用的图形如图 C.0.5 所示。

图 C.0.5　道路施工标识图例

C.0.6　表达地名信息时，进行指路的标识宜采用的图形如图 C.0.6-1 和图 C.0.6-2 所示。

图 C.0.6-1　地名标识图例

图 C.0.6-2　指向快速路路名标识图例

C.0.7　在进行桥梁、隧道等道路设施、公共交通设施指示时，进行指示的标识宜采用的图形如图 C.0.7-1～图 C.0.7-5 所示。

图 C.0.7-1　飞机场指示标识图例

图 C.0.7-2　火车站指示标识图例

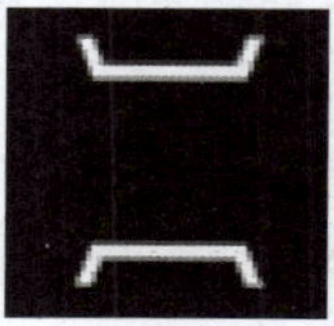

图 C.0.7-3　大桥指示标识图例

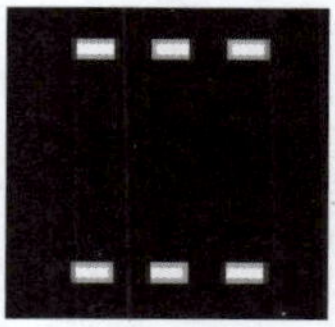

图 C.0.7-4　隧道指示标识图例

图 C.0.7-5　水系指示标识图例

本标准用词说明

1 为便于在执行本标准条文时区别对待，对于严格程度不同的用词说明如下：

1) 表示很严格，非这样做不可的用词：
正面词采用“必须”；
反面词采用“严禁”。

2) 表示严格，在正常情况下均应这样做的用词：
正面词采用“应”；
反面词采用“不应”或“不得”。

3) 表示允许稍微有选择，在条件许可时首先这样做的用词：
正面词采用“宜”或“可”；
反面词采用“不宜”。

2 条文中指明应按其他有关标准执行的写法为“应符合……的规定”，“应按……执行”或“应参照……”。

引用标准名录

1 《道路交通标志和标线》GB 5768
2 《信息安全技术网络安全等级保护基本要求》GB/T 22239
3 《LED 主动发光道路交通标志》GB/T 31446
4 《城市道路交通标志和标线设置规范》GB/T 51038
5 《市政道路机电系统维护技术规程》DG/TJ 08—2171

上海市工程建设规范

道路可变信息标志技术标准

DG/TJ 08—2396—2022
J 16198—2022

条 文 说 明

2022　上海

目　次

Contents

1 总 则

1.0.1 本条说明了制定本标准的目的。“十五”“十一五”期间，为规范全市高速公路、快速路可变信息标志的建设，原上海市市政工程管理局先后颁布了《上海市高速公路网联网收费、交通监控和通信系统技术要求》和《上海市城市快速路交通监控系统技术标准》等地方行业的技术要求和技术标准。这些技术要求、技术标准和规划的编制，为高速公路及快速路可变信息标志的建设提供了指导，最大程度上确保了可变信息标志规范性建设。随着全市交通信息化的拓展和交通管理的精细化要求，本市的浦东、闵行、静安、杨浦、宝山、长宁、嘉定等区也开展了信息化工程建设，布设了一些可变信息标志。但由于缺少标准，各区新建的可变信息标志版型、样式、发布内容等有较大差异，公众的认知度不高，诱导效果受到影响。为规范本市道路可变信息标志的建设，特制定本标准。

1.0.2 本条规定了本标准的适用范围。本标准适用于本市道路交通诱导类可变信息标志的设计、建设、运行和维护改造。其中，设置在道路上用于道路交通违法信息告知的可变信息屏，设置在地面道路交叉口用于显示信号控制信息的可变信息屏，以及临时设置在道路上用于道路施工信息告知的可变信息屏，不适用本标准。

1.0.3 道路可变信息标志建设实行市、区两级管理，遵循集约化的设置原则，在项目立项时由市交通主管部门进行审核，采用规范的可变信息标志样式。

1.0.4 本标准是以国家、行业、本市现行有关标准为基础而制定的，因此在建设可变信息标志时，应符合国家、行业、本市现行有关标准的规定。

2 术 语

2.0.1 道路可变信息标志是向出行者提供道路交通状态、交通事件、交通管制、道路施工以及气象环境等动态出行信息服务，帮助驾车者优化出行路线的信息化设施系统。

2.0.2～2.0.4 对本标准中道路可变信息标志发布内容的部分概念作出定义。本标准中的交通事件主要是指发生在道路上影响道路通行或安全的事件，主要包括车辆故障、车车事故、车人事故、车辆违法事件（逆行等）、道路设施异常等类型。

2.0.5～2.0.8 对本标准中道路可变信息标志的分类概念作出定义。

2.0.9～2.0.15 对本标准中道路可变信息标志设备组成部分及基本术语，给出定义。

2.0.16 对本标准中控制中心的职能要求给出定义。

3 基本规定

3.1 基本要求

3.1.1 规定了道路可变信息标志的功能和作用。
3.1.2 提出了道路可变信息标志发布内容保障的总体要求。
3.1.3 提出了道路可变信息标志运维保障的总体要求。

3.2 样式分类

3.2.1 根据电子显示模块布局进行分类。
3.2.2 根据表达路网范围大小进行分类。
3.2.3 对嵌入式道路可变信息标志显示内容进行分类。

3.3 发布内容

3.3.1 本条主要规定了道路可变信息标志发布的内容类型。
3.3.2～3.3.7 对各类发布类型包含的具体发布内容进行说明。

3.4 发布形式

3.4.1 本条主要规定了道路可变信息标志信息发布的形式。
3.4.2～3.4.3 对各类发布形式的字符及格式要求进行说明。

3.5 式样和版面

3.5.1 本条主要从运输、安装等方面考虑，规定了道路可变信息标志的版面尺寸。

3.5.2 本条主要规定了道路可变信息标志的版面绘制原则。

3.6 材料和性能

3.6.1 本条主要规定了道路可变信息标志材料要求。

3.6.2 本条主要规定了道路可变信息标志防护要求。

3.7 设置和安装

3.7.1 本条主要规定了道路可变信息标志设置应遵循的原则。

3.7.2 本条主要规定了道路可变信息标志基础及支撑杆件的结构设计要求。

3.7.3 本条主要规定了道路可变信息标志悬挂高度要求。

3.8 组织和发布

3.8.1 本条主要规定了道路可变信息标志系统的组成及功能性要求。

3.8.2 本条主要规定了道路可变信息标志发布的交通运行信息的来源。

3.8.3 本条主要规定了道路可变信息标志信息发布的准确性和时效性要求。关于信息发布时效性要求是指，当可变信息标志上发布的内容需要变化时，应按照各路网交通信息发布实际周期情况，在下一个发布周期内进行及时更新，各路网发布周期最长不应超过 5 min。

3.9 维护和保障

3.9.1 本条主要规定了道路可变信息标志发布运行管理机构的基本要求。

3.9.2 本条主要规定了道路可变信息标志控制中心计算机系统的安全保护能力要求。

4 式样和版面

4.1 一般规定

本节主要规定了道路可变信息标志的样式选取、制作要求及名称统一要求。

4.2 图形版面内容

4.2.1 本条对版面构成做出基本要求，包括版面的基本要素及发布内容。

4.2.2 本条可按照现行国家标准《道路交通标志和标线》GB 5768、《城市道路交通标志和标线设置规范》GB/T 51038，规定快速路、高速公路及地面道路版面字体高度等，对版面字体作出统一规定。

4.2.3 本条可按照现行国家标准《道路交通标志和标线》GB 5768、《城市道路交通标志和标线设置规范》GB/T 51038 标准，对版面的路径方向、车辆当前位置和行驶方向的固定标记等，对版面标识作出规定。

4.2.4 对嵌入式可变信息标志的光带图形、全点阵可变信息标志的版面图形绘制等作出统一规定。

4.3 版面颜色

本节对道路可变信息标志的版面颜色作出统一规定。

5 材料和性能

5.1 一般规定

本节对道路可变信息标志设备的构成、机箱要求及设施铭牌设置要求作出规定。

5.2 外观质量

本节主要对道路可变信息标志的外观、材料、外壳颜色、机箱要求都做出规定和要求。对于在合杆整治范围内的道路,可变信息标志机箱外壳颜色应与道路沿线综合杆件颜色相一致。未纳入合杆整治范围内的道路,且沿线杆件颜色未要求统一的,机箱外壳颜色应采用符合国家标准油漆色卡的 510 号蓝灰色。

5.3 功能要求

本节对道路可变信息标志的控制管理、自检、本地发布信息存储、调光、夜间照明或主动发光、校时等功能作了明确规定。

5.4 视认性能

本节对道路可变信息标志的视认角和视认距离作了具体规定。

5.5 LED 管构成

本节对道路可变信息标志 LED 管材料和性能作出规定。

6 设置和安装

6.1 一般规定

6.1.1 本条对道路可变信息标志设置位置选取提出基本要求。
6.1.2 本条对道路可变信息标志设置的地下条件提出要求。
6.1.3 本条对道路可变信息标志风载提出基本要求。
6.1.4 本条对道路可变信息标志与其他标志有遮挡时提出基本要求。

6.2 设置位置

本节对道路可变信息标志在城市快速路、高速公路、地面道路及其他道路的布设及位置选取作了具体要求。

7 组织和发布

7.1 一般规定

本节对道路可变信息标志的控制要求，显示顺序，多条同级别信息的发布顺序等进行规定。

7.2 信息组织

本节对道路可变信息标志发布信息的组织提出具体要求。

7.3 信息发布

7.3.1 对道路可变信息标志信息每屏显示的运行状况信息的文字数量，字高，每屏显示时长，通过图形表达交通状态时使用的LED发光颜色的色品颜色要求作出规定。

7.3.2～7.3.3 对道路可变信息标志信息描述结构、位置描述等作出明确规定。

7.3.4 对道路可变信息标志发布事件类型的描述规定。

7.3.5 对道路可变信息标志发布出行建议的描述规定。

7.3.6 对全点阵可变信息标志发布的交通状态信息图形样式要求及数量进行规定。

7.3.7 对道路可变信息标志应急状态时的发布要求进行规定。

7.4 信息加密

本节规定了道路可变信息标志发布信息传输时的数据加密要求。

7.5 信息记录

本节规定了道路可变信息标志发布的信息系统需要记录的内容、时长和控制中心需要同步显示的内容。

8 维护和保障

8.1 一般规定

本节对道路可变信息标志及其附属设施和系统的运行保障内容和要求作出了规定。

8.2 维护管理

8.2.1～8.2.2 道路可变信息标志的日常运行维护需要制定有效管理制度、落实专项资金来保障，并由专职专业技术人员负责。

8.2.3 可按照本市市政道路机电系统维护技术规程，道路可变信息标志的检查分为日常检查和定期检查，检查内容包括可变信息标志是否被沿线的树木、广告牌等遮挡，版面及支柱的变形、损坏、污垢及腐蚀情况，基础及底座的下沉及变位等情况。此外，还应该根据道路条件和交通条件以及设施位置的变化，检查可变信息标志的设置地点、发布内容及其与其他交通标志的相互位置关系是否适当。维修保养应在检查工作的基础上，采取适当有效的措施，如有版面倾斜、支柱弯曲等应尽快解决，有树木、广告牌等遮挡时，应清除有碍标志显示的部分或者变更可变信息标志的位置。运行维护工作除应符合本标准外，还应符合本市道路养护安全作业规程的要求。

8.2.4 对道路可变信息标志养护单位提出保养工作要求。

8.2.5 除了设施的维护保养，道路可变信息标志发布的动态信息内容也应定期跟踪巡查，发现黑屏或者信息不准确的情况，应及时更正。

8.2.6 养护单位应经常性查看维护日志，定期形成道路可变信息标志维护工作报告，总结日常运行维护情况，对设备更换、撤销等重要变化需求提出建议。

8.3 系统保障

本节对道路可变信息标志建设完成后，系统的保障、更换条件、影响使用后的拆除要求作出了规定。

8.4 其他保障

本节规定了道路可变信息标志发布系统安全方面及设施故障情况下的应急保障。